**Guests**

NAME ....

ADDRESS ....
....

E-MAIL ....

MESSAGE

....
....
....
....
....

NAME ....

ADDRESS ....
....

E-MAIL ....

MESSAGE

....
....
....
....

Guests

NAME ....

ADDRESS ....

....

E-MAIL ....

MESSAGE

....

....

....

....

NAME ....

ADDRESS ....

....

E-MAIL ....

MESSAGE

....

....

....

....

Guests

NAME

ADDRESS

E-MAIL

MESSAGE

NAME

ADDRESS

E-MAIL

MESSAGE

 Guests

NAME ....

ADDRESS ....

....

E-MAIL ....

MESSAGE

....

....

....

....

....

NAME ....

ADDRESS ....

....

E-MAIL ....

MESSAGE

....

....

....

....

....

Guests

NAME

ADDRESS

E-MAIL

MESSAGE

NAME

ADDRESS

E-MAIL

MESSAGE

Guests

NAME ....

ADDRESS ....

....

E-MAIL ....

MESSAGE

....

....

....

....

NAME ....

ADDRESS ....

....

E-MAIL ....

MESSAGE

....

....

....

....

Guests

NAME

ADDRESS

E-MAIL

MESSAGE

NAME

ADDRESS

E-MAIL

MESSAGE

Guests

NAME ....

ADDRESS ....

....

E-MAIL ....

MESSAGE

....

....

....

....

NAME ....

ADDRESS ....

....

E-MAIL ....

MESSAGE

....

....

....

....

Guests

NAME ....

ADDRESS ....

....

E-MAIL ....

MESSAGE

....

....

....

....

....

NAME ....

ADDRESS ....

....

E-MAIL ....

MESSAGE

....

....

....

....

Guests

NAME _____

ADDRESS _____

_____

E-MAIL _____

MESSAGE

_____

_____

_____

_____

_____

NAME _____

ADDRESS _____

_____

E-MAIL _____

MESSAGE

_____

_____

_____

_____

Guests

NAME ....

ADDRESS ....

....

E-MAIL ....

MESSAGE

....

....

....

....

....

NAME ....

ADDRESS ....

....

E-MAIL ....

MESSAGE

....

....

....

....

Guests

NAME _____

ADDRESS _____

_____

E-MAIL _____

MESSAGE

_____

_____

_____

_____

_____

NAME _____

ADDRESS _____

_____

E-MAIL _____

MESSAGE

_____

_____

_____

_____

Guests

NAME ....

ADDRESS ....

....

E-MAIL ....

MESSAGE

....

....

....

....

....

NAME ....

ADDRESS ....

....

E-MAIL ....

MESSAGE

....

....

....

....

....

Guests

NAME _____

ADDRESS _____

_____

E-MAIL _____

MESSAGE

_____

_____

_____

_____

_____

NAME _____

ADDRESS _____

_____

E-MAIL _____

MESSAGE

_____

_____

_____

_____

Guests

NAME _____

ADDRESS _____

_____

E-MAIL _____

MESSAGE

_____

_____

_____

_____

_____

NAME _____

ADDRESS _____

_____

E-MAIL _____

MESSAGE

_____

_____

_____

_____

_____

Guests

NAME _____

ADDRESS _____

_____

E-MAIL _____

MESSAGE

_____

_____

_____

_____

_____

NAME _____

ADDRESS _____

_____

E-MAIL _____

MESSAGE

_____

_____

_____

_____

Guests

NAME ....

ADDRESS ....

....

E-MAIL ....

MESSAGE

....

....

....

....

....

NAME ....

ADDRESS ....

....

E-MAIL ....

MESSAGE

....

....

....

....

....

Guests

NAME _____

ADDRESS _____

_____

E-MAIL _____

MESSAGE

_____

_____

_____

_____

_____

NAME _____

ADDRESS _____

_____

E-MAIL _____

MESSAGE

_____

_____

_____

_____

Guests

NAME _____

ADDRESS _____

_____

E-MAIL _____

MESSAGE

_____

_____

_____

_____

_____

NAME _____

ADDRESS _____

_____

E-MAIL _____

MESSAGE

_____

_____

_____

_____

_____

Guests

NAME _____

ADDRESS _____

_____

E-MAIL _____

MESSAGE

_____

_____

_____

_____

_____

NAME _____

ADDRESS _____

_____

E-MAIL _____

MESSAGE

_____

_____

_____

_____

Guests

NAME ....

ADDRESS ....

....

E-MAIL ....

MESSAGE

....

....

....

....

....

NAME ....

ADDRESS ....

....

E-MAIL ....

MESSAGE

....

....

....

....

....

Guests

NAME ....

ADDRESS ....

....

E-MAIL ....

MESSAGE

....

....

....

....

NAME ....

ADDRESS ....

....

E-MAIL ....

MESSAGE

....

....

....

....

Guests

NAME ....

ADDRESS ....

....

E-MAIL ....

MESSAGE

....

....

....

....

....

NAME ....

ADDRESS ....

....

E-MAIL ....

MESSAGE

....

....

....

....

Guests

NAME _____

ADDRESS _____

_____

E-MAIL _____

MESSAGE

_____

_____

_____

_____

_____

NAME _____

ADDRESS _____

_____

E-MAIL _____

MESSAGE

_____

_____

_____

_____

Guests

NAME ....
ADDRESS ....
....

E-MAIL ....

MESSAGE

....
....
....
....

NAME ....
ADDRESS ....
....

E-MAIL ....

MESSAGE

....
....
....
....

Guests

NAME _____

ADDRESS _____

_____

E-MAIL _____

MESSAGE

_____

_____

_____

_____

_____

NAME _____

ADDRESS _____

_____

E-MAIL _____

MESSAGE

_____

_____

_____

_____

_____

Guests

NAME

ADDRESS

E-MAIL

MESSAGE

NAME

ADDRESS

E-MAIL

MESSAGE

Guests

NAME ....

ADDRESS ....

....

E-MAIL ....

MESSAGE

....

....

....

....

....

NAME ....

ADDRESS ....

....

E-MAIL ....

MESSAGE

....

....

....

....

....

Guests

NAME ....

ADDRESS ....

....

E-MAIL ....

MESSAGE

....

....

....

....

NAME ....

ADDRESS ....

....

E-MAIL ....

MESSAGE

....

....

....

....

Guests

NAME ....

ADDRESS ....

....

E-MAIL ....

MESSAGE

....

....

....

....

....

NAME ....

ADDRESS ....

....

E-MAIL ....

MESSAGE

....

....

....

....

Guests

NAME ....

ADDRESS ....

....

E-MAIL ....

MESSAGE

....

....

....

....

NAME ....

ADDRESS ....

....

E-MAIL ....

MESSAGE

....

....

....

....

Guests

NAME ....

ADDRESS ....

....

E-MAIL ....

MESSAGE

....

....

....

....

NAME ....

ADDRESS ....

....

E-MAIL ....

MESSAGE

....

....

....

....

Guests

NAME ....

ADDRESS ....

....

E-MAIL ....

MESSAGE

....

....

....

....

NAME ....

ADDRESS ....

....

E-MAIL ....

MESSAGE

....

....

....

....

Guests

NAME ....

ADDRESS ....

....

E-MAIL ....

MESSAGE

....

....

....

....

....

NAME ....

ADDRESS ....

....

E-MAIL ....

MESSAGE

....

....

....

....

....

Guests

NAME ....

ADDRESS ....

....

E-MAIL ....

MESSAGE

....

....

....

....

NAME ....

ADDRESS ....

....

E-MAIL ....

MESSAGE

....

....

....

....

Guests

NAME ....

ADDRESS ....

....

E-MAIL ....

MESSAGE

....

....

....

....

....

NAME ....

ADDRESS ....

....

E-MAIL ....

MESSAGE

....

....

....

....

....

Guests

NAME ....

ADDRESS ....

....

E-MAIL ....

MESSAGE

....

....

....

....

....

NAME ....

ADDRESS ....

....

E-MAIL ....

MESSAGE

....

....

....

....

....

Guests

NAME ....

ADDRESS ....

....

E-MAIL ....

MESSAGE

....

....

....

....

....

NAME ....

ADDRESS ....

....

E-MAIL ....

MESSAGE

....

....

....

....

Guests

NAME ....

ADDRESS ....

....

E-MAIL ....

MESSAGE

....

....

....

....

....

NAME ....

ADDRESS ....

....

E-MAIL ....

MESSAGE

....

....

....

....

....

Guests

NAME ....

ADDRESS ....

....

E-MAIL ....

MESSAGE

....

....

....

....

NAME ....

ADDRESS ....

....

E-MAIL ....

MESSAGE

....

....

....

....

Guests

NAME

ADDRESS

E-MAIL

MESSAGE

NAME

ADDRESS

E-MAIL

MESSAGE

Guests

NAME _____

ADDRESS _____

_____

E-MAIL _____

MESSAGE

_____

_____

_____

_____

_____

NAME _____

ADDRESS _____

_____

E-MAIL _____

MESSAGE

_____

_____

_____

_____

# Guests

NAME _____

ADDRESS _____

_____

E-MAIL _____

MESSAGE

_____

_____

_____

_____

_____

NAME _____

ADDRESS _____

_____

E-MAIL _____

MESSAGE

_____

_____

_____

_____

_____

Guests

NAME

ADDRESS

E-MAIL

MESSAGE

NAME

ADDRESS

E-MAIL

MESSAGE

Guests

NAME ....

ADDRESS ....

....

E-MAIL ....

MESSAGE

....

....

....

....

....

NAME ....

ADDRESS ....

....

E-MAIL ....

MESSAGE

....

....

....

....

Guests

NAME

ADDRESS

E-MAIL

MESSAGE

NAME

ADDRESS

E-MAIL

MESSAGE

Guests

NAME ....

ADDRESS ....

....

E-MAIL ....

MESSAGE

....

....

....

....

....

NAME ....

ADDRESS ....

....

E-MAIL ....

MESSAGE

....

....

....

....

Guests

NAME ....

ADDRESS ....

....

E-MAIL ....

MESSAGE

....

....

....

....

....

NAME ....

ADDRESS ....

....

E-MAIL ....

MESSAGE

....

....

....

....

....

Guests

NAME ....

ADDRESS ....

....

E-MAIL ....

MESSAGE

....

....

....

....

....

NAME ....

ADDRESS ....

....

E-MAIL ....

MESSAGE

....

....

....

....

....

Guests

NAME ....

ADDRESS ....

....

E-MAIL ....

MESSAGE

....

....

....

....

....

NAME ....

ADDRESS ....

....

E-MAIL ....

MESSAGE

....

....

....

....

Guests

NAME ....

ADDRESS ....

....

E-MAIL ....

MESSAGE

....

....

....

....

NAME ....

ADDRESS ....

....

E-MAIL ....

MESSAGE

....

....

....

....

Guests

NAME ....

ADDRESS ....

....

E-MAIL ....

MESSAGE

....

....

....

....

NAME ....

ADDRESS ....

....

E-MAIL ....

MESSAGE

....

....

....

....

Guests

NAME ....

ADDRESS ....
....

E-MAIL ....

MESSAGE

....
....
....
....

NAME ....

ADDRESS ....
....

E-MAIL ....

MESSAGE

....
....
....
....

Guests

NAME ....

ADDRESS ....

....

E-MAIL ....

MESSAGE

....

....

....

....

NAME ....

ADDRESS ....

....

E-MAIL ....

MESSAGE

....

....

....

....

Guests

NAME

ADDRESS

E-MAIL

MESSAGE

NAME

ADDRESS

E-MAIL

MESSAGE

Guests

NAME ....

ADDRESS ....

....

E-MAIL ....

MESSAGE

....

....

....

....

NAME ....

ADDRESS ....

....

E-MAIL ....

MESSAGE

....

....

....

....

Guests

NAME

ADDRESS

E-MAIL

MESSAGE

NAME

ADDRESS

E-MAIL

MESSAGE

Guests

NAME _____

ADDRESS _____

_____

E-MAIL _____

MESSAGE

_____

_____

_____

_____

_____

NAME _____

ADDRESS _____

_____

E-MAIL _____

MESSAGE

_____

_____

_____

_____

_____

Guests

NAME

ADDRESS

E-MAIL

MESSAGE

NAME

ADDRESS

E-MAIL

MESSAGE

Guests

NAME ....

ADDRESS ....

....

E-MAIL ....

MESSAGE

....

....

....

....

....

NAME ....

ADDRESS ....

....

E-MAIL ....

MESSAGE

....

....

....

....

....

Guests

NAME ....

ADDRESS ....

....

E-MAIL ....

MESSAGE

....

....

....

....

....

NAME ....

ADDRESS ....

....

E-MAIL ....

MESSAGE

....

....

....

....

Guests

NAME ....

ADDRESS ....

....

E-MAIL ....

MESSAGE

....

....

....

....

....

NAME ....

ADDRESS ....

....

E-MAIL ....

MESSAGE

....

....

....

....

....

Guests

NAME ....

ADDRESS ....

....

E-MAIL ....

MESSAGE

....

....

....

....

....

NAME ....

ADDRESS ....

....

E-MAIL ....

MESSAGE

....

....

....

....

Guests

NAME _____

ADDRESS _____

_____

E-MAIL _____

MESSAGE

_____

_____

_____

_____

_____

NAME _____

ADDRESS _____

_____

E-MAIL _____

MESSAGE

_____

_____

_____

_____

Guests

NAME

ADDRESS

E-MAIL

MESSAGE

NAME

ADDRESS

E-MAIL

MESSAGE

# Guests

NAME ....

ADDRESS ....

....

E-MAIL ....

MESSAGE

....

....

....

....

NAME ....

ADDRESS ....

....

E-MAIL ....

MESSAGE

....

....

....

....

Guests

NAME ....

ADDRESS ....

....

E-MAIL ....

MESSAGE

....

....

....

....

....

NAME ....

ADDRESS ....

....

E-MAIL ....

MESSAGE

....

....

....

....

....

Guests

NAME

ADDRESS

E-MAIL

MESSAGE

NAME

ADDRESS

E-MAIL

MESSAGE

Guests

NAME ....

ADDRESS ....

....

E-MAIL ....

MESSAGE

....

....

....

....

NAME ....

ADDRESS ....

....

E-MAIL ....

MESSAGE

....

....

....

....

Guests

NAME _____

ADDRESS _____

_____

E-MAIL _____

MESSAGE

_____

_____

_____

_____

_____

NAME _____

ADDRESS _____

_____

E-MAIL _____

MESSAGE

_____

_____

_____

_____

_____

Guests

NAME

ADDRESS

E-MAIL

MESSAGE

NAME

ADDRESS

E-MAIL

MESSAGE

Guests

NAME _____

ADDRESS _____

_____

E-MAIL _____

MESSAGE

_____

_____

_____

_____

_____

NAME _____

ADDRESS _____

_____

E-MAIL _____

MESSAGE

_____

_____

_____

_____

Guests

NAME

ADDRESS

E-MAIL

MESSAGE

NAME

ADDRESS

E-MAIL

MESSAGE

Guests

NAME ....

ADDRESS ....

....

E-MAIL ....

MESSAGE

....

....

....

....

....

NAME ....

ADDRESS ....

....

E-MAIL ....

MESSAGE

....

....

....

....

....

Guests

NAME ....

ADDRESS ....

....

E-MAIL ....

MESSAGE

....

....

....

....

NAME ....

ADDRESS ....

....

E-MAIL ....

MESSAGE

....

....

....

....

Guests

NAME

ADDRESS

E-MAIL

MESSAGE

NAME

ADDRESS

E-MAIL

MESSAGE

Guests

NAME ....

ADDRESS ....

....

E-MAIL ....

MESSAGE

....

....

....

....

NAME ....

ADDRESS ....

....

E-MAIL ....

MESSAGE

....

....

....

....

Guests

NAME ....

ADDRESS ....

....

E-MAIL ....

MESSAGE

....

....

....

....

NAME ....

ADDRESS ....

....

E-MAIL ....

MESSAGE

....

....

....

....

Guests

NAME ....

ADDRESS ....

....

E-MAIL ....

MESSAGE

....

....

....

....

NAME ....

ADDRESS ....

....

E-MAIL ....

MESSAGE

....

....

....

....

Guests

NAME _____

ADDRESS _____

_____

E-MAIL _____

MESSAGE

_____

_____

_____

_____

NAME _____

ADDRESS _____

_____

E-MAIL _____

MESSAGE

_____

_____

_____

_____

Guests

NAME ....

ADDRESS ....

....

E-MAIL ....

MESSAGE

....

....

....

....

....

NAME ....

ADDRESS ....

....

E-MAIL ....

MESSAGE

....

....

....

....

Guests

NAME ....

ADDRESS ....

....

E-MAIL ....

MESSAGE

....

....

....

....

....

NAME ....

ADDRESS ....

....

E-MAIL ....

MESSAGE

....

....

....

....

Guests

NAME ....

ADDRESS ....

....

E-MAIL ....

MESSAGE

....

....

....

....

....

NAME ....

ADDRESS ....

....

E-MAIL ....

MESSAGE

....

....

....

....

Guests

NAME _____

ADDRESS _____

_____

E-MAIL _____

MESSAGE

_____

_____

_____

_____

_____

NAME _____

ADDRESS _____

_____

E-MAIL _____

MESSAGE

_____

_____

_____

_____

Guests

NAME ....

ADDRESS ....

....

E-MAIL ....

MESSAGE

_____

_____

_____

_____

NAME ....

ADDRESS ....

....

E-MAIL ....

MESSAGE

_____

_____

_____

_____

Guests

NAME ....

ADDRESS ....

....

E-MAIL ....

MESSAGE

....

....

....

....

....

NAME ....

ADDRESS ....

....

E-MAIL ....

MESSAGE

....

....

....

....

....

Guests

NAME ....

ADDRESS ....

....

E-MAIL ....

MESSAGE

....

....

....

....

NAME ....

ADDRESS ....

....

E-MAIL ....

MESSAGE

....

....

....

....

Guests

NAME ....

ADDRESS ....

....

E-MAIL ....

MESSAGE

....

....

....

....

NAME ....

ADDRESS ....

....

E-MAIL ....

MESSAGE

....

....

....

....

Guests

NAME ....

ADDRESS ....

....

E-MAIL ....

MESSAGE

....

....

....

....

....

NAME ....

ADDRESS ....

....

E-MAIL ....

MESSAGE

....

....

....

....

Guests

NAME ....

ADDRESS ....

....

E-MAIL ....

MESSAGE

....

....

....

....

NAME ....

ADDRESS ....

....

E-MAIL ....

MESSAGE

....

....

....

....

Guests

NAME ....

ADDRESS ....

....

E-MAIL ....

MESSAGE

....

....

....

....

....

NAME ....

ADDRESS ....

....

E-MAIL ....

MESSAGE

....

....

....

....

....

Guests

NAME _____

ADDRESS _____

_____

E-MAIL _____

MESSAGE

_____

_____

_____

_____

_____

NAME _____

ADDRESS _____

_____

E-MAIL _____

MESSAGE

_____

_____

_____

_____

_____

Guests

NAME ....

ADDRESS ....

....

E-MAIL ....

MESSAGE

....

....

....

....

NAME ....

ADDRESS ....

....

E-MAIL ....

MESSAGE

....

....

....

....

Guests

NAME ....

ADDRESS ....

....

E-MAIL ....

MESSAGE

....

....

....

....

....

NAME ....

ADDRESS ....

....

E-MAIL ....

MESSAGE

....

....

....

....

Guests

NAME ....

ADDRESS ....

....

E-MAIL ....

MESSAGE

....

....

....

....

....

NAME ....

ADDRESS ....

....

E-MAIL ....

MESSAGE

....

....

....

....

Guests

NAME _____

ADDRESS _____

_____

E-MAIL _____

MESSAGE

_____

_____

_____

_____

_____

NAME _____

ADDRESS _____

_____

E-MAIL _____

MESSAGE

_____

_____

_____

_____

Guests

NAME ....

ADDRESS ....

....

E-MAIL ....

MESSAGE

....

....

....

....

....

NAME ....

ADDRESS ....

....

E-MAIL ....

MESSAGE

....

....

....

....

....

Guests

NAME ....

ADDRESS ....

....

E-MAIL ....

MESSAGE

....

....

....

....

....

NAME ....

ADDRESS ....

....

E-MAIL ....

MESSAGE

....

....

....

....

....

Guests

NAME ....

ADDRESS ....

....

E-MAIL ....

MESSAGE

....

....

....

....

NAME ....

ADDRESS ....

....

E-MAIL ....

MESSAGE

....

....

....

....

Guests

NAME ....

ADDRESS ....

....

E-MAIL ....

MESSAGE

....

....

....

....

NAME ....

ADDRESS ....

....

E-MAIL ....

MESSAGE

....

....

....

....

Guests

NAME ....

ADDRESS ....

....

E-MAIL ....

MESSAGE

....

....

....

....

NAME ....

ADDRESS ....

....

E-MAIL ....

MESSAGE

....

....

....

....

Guests

NAME ....

ADDRESS ....

....

E-MAIL ....

MESSAGE

....

....

....

....

....

NAME ....

ADDRESS ....

....

E-MAIL ....

MESSAGE

....

....

....

....

....

Guests

NAME ....

ADDRESS ....

....

E-MAIL ....

MESSAGE

....

....

....

....

NAME ....

ADDRESS ....

....

E-MAIL ....

MESSAGE

....

....

....

....

Guests

NAME ....

ADDRESS ....

....

E-MAIL ....

MESSAGE

....

....

....

....

....

NAME ....

ADDRESS ....

....

E-MAIL ....

MESSAGE

....

....

....

....

Guests

NAME

ADDRESS

E-MAIL

MESSAGE

NAME

ADDRESS

E-MAIL

MESSAGE

Guests

NAME

ADDRESS

E-MAIL

MESSAGE

NAME

ADDRESS

E-MAIL

MESSAGE

Guests

NAME ....

ADDRESS ....

....

E-MAIL ....

MESSAGE

....

....

....

....

NAME ....

ADDRESS ....

....

E-MAIL ....

MESSAGE

....

....

....

....

Guests

NAME ....

ADDRESS ....

....

E-MAIL ....

MESSAGE

....

....

....

....

NAME ....

ADDRESS ....

....

E-MAIL ....

MESSAGE

....

....

....

....

Guests

NAME ....

ADDRESS ....

....

E-MAIL ....

MESSAGE

....

....

....

....

....

NAME ....

ADDRESS ....

....

E-MAIL ....

MESSAGE

....

....

....

....

....

Guests

NAME ....

ADDRESS ....

....

E-MAIL ....

MESSAGE

....

....

....

....

NAME ....

ADDRESS ....

....

E-MAIL ....

MESSAGE

....

....

....

....

Guests

NAME ....

ADDRESS ....

....

E-MAIL ....

MESSAGE

....

....

....

....

NAME ....

ADDRESS ....

....

E-MAIL ....

MESSAGE

....

....

....

....

Made in the USA
Las Vegas, NV
12 April 2022

47342222R00063